Mi biblioteca de Ciencias Biológicas

Animales que son arquitectos

Lisa J. Amstutz y Alma Patricia Ramirez

Rourke™

ANTES Y DURANTE LAS ACTIVIDADES DE LECTURA

Antes de la lectura: *Desarrollo del conocimiento del contexto y el vocabulario*

El construir el conocimiento del contexto puede ayudar a los niños a procesar la información nueva y usar de base lo que ya saben. Antes de leer un libro, es importante utilizar lo que ya saben los niños acerca del tema. Esto los ayudará a desarrollar su vocabulario e incrementar la comprensión de la lectura.

Preguntas y actividades para desarrollar el conocimiento del contexto:

1. Ve la portada del libro y lee el título. ¿De qué crees que trata este libro?

2. ¿Qué sabes de este tema?

3. Hojea el libro y echa un vistazo a las páginas. Ve el contenido, las fotografías, los pies de las ilustraciones y las palabras en negritas. ¿Estas características del texto te dan información o predicciones acerca de lo que leerás en este libro?

Vocabulario: *El vocabulario es la clave para la comprensión de la lectura*

Use las siguientes instrucciones para iniciar una conversación acerca de cada palabra.

- Lee las palabras del vocabulario.
- ¿Qué te viene a la mente cuando ves cada palabra?
- ¿Qué crees que significa cada palabra?

Palabras del vocabulario:

- arquitectos
- dique
- predadores
- proteger

Durante la lectura: *Leer para obtener significado y entendimiento*

Para lograr la comprensión profunda de un libro, se anima a los niños a que usen estrategias de lectura detallada. Durante la lectura, es importante hacer que los niños se detengan y establezcan conexiones. Esas conexiones darán como resultado un análisis y entendimiento más profundos de un libro.

 Lectura detallada de un texto

Durante la lectura, pida a los niños que se detengan y hablen acerca de lo siguiente:

- Partes que sean confusas
- Palabras que no conozcan
- Conexiones texto a texto, texto a ti mismo, texto al mundo
- La idea principal en cada capítulo o encabezado

Anime a los niños a usar las pistas del contexto para determinar el significado de las palabras que no conozcan. Estas estrategias ayudarán a los niños a aprender a analizar el texto más minuciosamente mientras leen.

Cuando termine de leer este libro, vaya a la última página para ver una **Actividad para después de la lectura.**

Contenido

Constructores incansables

Los **arquitectos** hacen planos.

Construyen casas y puentes. ¡Algunos animales construyen cosas también!

Hogar dulce hogar

¡Pío, pío! Los pájaros construyen nidos.

Los nidos mantienen los huevos seguros.

Los chimpancés construyen nidos suaves y tibios.

Duermen arriba en los árboles.

nido de chimpancé

¡Mira! ¡Este nido está hecho de burbujas!

Un pez pondrá sus huevos aquí. Las burbujas podrán **proteger** los huevos.

Un castor corta árboles. Construye un **dique**.

El dique forma un estanque.

estanque

dique

Ahora, el castor construye una madriguera. Ahí está protegido de los **predadores**.

madriguera

Algunas hormigas construyen montículos.

Ponen sus huevos en el montículo.
También almacenan comida ahí.

Hora de comer

Una araña construye una telaraña. La seda es pegajosa.

Los insectos se quedan pegados en la telaraña. La araña se los come.

Las abejas construyen un panal. El panal guarda la miel para que coman las abejas.

El panal también guarda los huevos de las abejas. Los mantiene seguros.

Glosario fotográfico

arquitectos (ar-qui-tec-tos): Personas que diseñan edificios y supervisan la forma en la que se construyen.

dique (di-que): Una pared que cruza un arroyo o río y detiene el paso del agua.

predadores (pre-da-do-res): Animales que viven cazando y comiendo otros animales.

proteger (pro-te-ger): Evitar que algo se dañe.

Construir un nido

¡Intenta construir un nido! Sigue los pasos
a continuación o haz tu propio diseño.

Materiales

ramitas   materiales suaves como hojas,
lodo   musgo, pasto o estambre

Instrucciones

1. Teje las ramitas para formar un nido.
2. Cubre el exterior del nido con lodo. Alísalo.
3. Deja que se seque el lodo.
4. Ahora dale a tu nido un forro suave.

Índice analítico

Acerca de la autora

Lisa J. Amstutz es autora de más de 100 libros infantiles. A ella le gusta aprender acerca de las ciencias y compartir datos divertidos con los niños. Lisa vive en una pequeña granja con su familia, dos cabras, una parvada de gallinas y una perrita llamada Daisy.

Actividad para después de la lectura

Ve al parque o camina por tu vecindario con un adulto. ¿Puedes encontrar estructuras construidas por animales? Si es así, míralas de cerca. Trata de adivinar qué animales las construyeron.

Library of Congress PCN Data

Animales que son arquitectos / Lisa J. Amstutz
(Mi biblioteca de Ciencias Biológicas)
ISBN 978-1-73165-292-8 (hard cover)(alk. paper)
ISBN 978-1-73165-262-1 (soft cover)
ISBN 978-1-73165-322-2 (e-book)
ISBN 978-1-73165-352-9 (e-pub)
Library of Congress Control Number: 2021952168

Rourke Educational Media
Printed in the United States of America
01-2412211937

© 2023 Rourke Educational Media

www.rourkebooks.com

Editado por: Laura Malay
Portada y diseño de interiores: Nicola Stratford
Traducción: Alma Patricia Ramirez

Photo Credits: Cover logo: frog © Eric Phol, test tube © Sergey Lazarev, cover tab art © siridhata, cover photo © Enrique Aguirre, cover title art © itsmokko, page background art © Zaie; page 4 © Popartic, page 5 © fotoNino; page 6 © Mark Bridger, page 7 © Vishnevskiy Vasily; page 8 © Sergey Uryadnikov, page 9 © COULANGES; page 10 © anapat duangngoen, page 11 © By mnoor; page 12 © Piotr Kamionka, page 13 © Adwo; page 15 © ian Tessier; page 16 © David William Taylor, page 17 © Beneda Miroslav; page 18 © boyphare, page 19 © Cathy Keifer; page 20 © FaRinPh, page 21 © David Shih All images from Shutterstock.com